BEI GRIN MACHT SICH IHR WISSEN BEZAHLT

- Wir veröffentlichen Ihre Hausarbeit, Bachelor- und Masterarbeit
- Ihr eigenes eBook und Buch - weltweit in allen wichtigen Shops
- Verdienen Sie an jedem Verkauf

Jetzt bei www.GRIN.com hochladen und kostenlos publizieren

Bibliografische Information der Deutschen Nationalbibliothek:

Die Deutsche Bibliothek verzeichnet diese Publikation in der Deutschen Nationalbibliografie; detaillierte bibliografische Daten sind im Internet über http://dnb.d-nb.de/ abrufbar.

Dieses Werk sowie alle darin enthaltenen einzelnen Beiträge und Abbildungen sind urheberrechtlich geschützt. Jede Verwertung, die nicht ausdrücklich vom Urheberrechtsschutz zugelassen ist, bedarf der vorherigen Zustimmung des Verlages. Das gilt insbesondere für Vervielfältigungen, Bearbeitungen, Übersetzungen, Mikroverfilmungen, Auswertungen durch Datenbanken und für die Einspeicherung und Verarbeitung in elektronische Systeme. Alle Rechte, auch die des auszugsweisen Nachdrucks, der fotomechanischen Wiedergabe (einschließlich Mikrokopie) sowie der Auswertung durch Datenbanken oder ähnliche Einrichtungen, vorbehalten.

Impressum:

Copyright © 2010 GRIN Verlag, Open Publishing GmbH
Druck und Bindung: Books on Demand GmbH, Norderstedt Germany
ISBN: 978-3-668-05905-4

Dieses Buch bei GRIN:

http://www.grin.com/de/e-book/307630/light-produkte-sinn-oder-unsinn

Nina Gröschel

Light-Produkte. Sinn oder Unsinn?

GRIN Verlag

GRIN - Your knowledge has value

Der GRIN Verlag publiziert seit 1998 wissenschaftliche Arbeiten von Studenten, Hochschullehrern und anderen Akademikern als eBook und gedrucktes Buch. Die Verlagswebsite www.grin.com ist die ideale Plattform zur Veröffentlichung von Hausarbeiten, Abschlussarbeiten, wissenschaftlichen Aufsätzen, Dissertationen und Fachbüchern.

Besuchen Sie uns im Internet:

http://www.grin.com/

http://www.facebook.com/grincom

http://www.twitter.com/grin_com

SEMINARARBEIT

aus dem Fach

Biologie

Thema:

„Light-Produkte – Sinn oder Unsinn?"

von

Nina Gröschel

Inhaltsverzeichnis

1. Werbung für Light-Produkte	3
2. Light-Produkte – Sinn oder Unsinn?	4
2.1 Definition von „Light"	5
2.2 Nachteile von Light-Produkten	9
2.2.1 Erhöhter Kaufpreis	10
2.2.2 Abnehmen durch Light-Produkte	11
2.2.3 Erhöhte Nahrungsaufnahme	12
2.2.3.1 Verzögerung des Sättigungsgefühls	13
2.2.3.2 Fehlendes Reuegefühl	14
2.2.4 Austausch von Geschmacksträgern	15
2.2.5 Chemische Zusatzstoffe	18
2.3 Zuckeraustauschstoffe in Light-Produkten	19
2.3.1 Überblick über die verwendeten Zuckeraustauschstoffe	20
2.3.2 Nachteile von Zuckeraustauschstoffen	22
2.3.3 Vorurteile gegen Süßstoff	23
2.3.4 Vorteile von Süßstoff gegenüber Zucker	24
3. Fazit über Light-Produkte	26
Anhang	28

1. Werbung für Light-Produkte

Spätestens wenn der Sommer wieder kommt, kommt auch bei den meisten Frauen die Panik, da die Bikini-Figur nach dem Winter oftmals nicht mehr präsentabel ist. Da gibt es nur eine Lösung: Abnehmen! Zum Abnehmen jedoch braucht man viel Disziplin.[1] Wäre es nicht einfacher, wenn man abnehmen könnte, ohne auf etwas zu verzichten und ohne seine Ernährung verändern zu müssen? Genau das versprechen uns Light-Produkte: Abnehmen ohne Verzicht und Mühe,[2] da laut Werbung Light-Produkte schmecken wie die „originalen" Produkte, aber fett- oder kalorienärmer sind, was zu Gewichtsverlust führt. Es scheint, als ob die Strategie der Werbung aufgeht, denn eine Studie der Gesellschaft für Konsumforschung zeigt, dass immerhin jeder 4. Deutsche regelmäßig Ligh-Produkte kauft.[3]

---

[1] http://www.ams-international.org/download/Infos_Tipps/Light%20-%20Produkte%20-%20Achtung!.pdf

Stand: k.A. Aufrufdatum: 2.November2010

(siehe Materialien Nr. 1)

[2] http://lifestyle.t-online.de/wie-light-produkte-den-koerper-austricksen/id_12915514/index
Stand:22.September2010 Aufrufdatum: 2.November2010

(siehe Materialien Nr. 2)

[3] http://www.lifeline.de/special/diaet_lebensweise/diaetprodukte/content-128998.html
Stand: 20.Juni2008 Aufrufdatum: 2.Novemvber2010

(siehe Materialien Nr. 3)

2. Light-Produkte – Sinn oder Unsinn?

Da stellt sich natürlich die Frage, ob es tatsächlich so leicht ist, abzunehmen ohne auf etwas verzichten zu müssen und ob Light-Produkte wirklich sinnvoll sind.

2.1. Definition von „Light"

Zuerst möchte ich erklären was „Light" überhaupt bedeutet. Bis zum Jahr 2007 war der Begriff „Light", zu Deutsch „leicht", nicht definiert. Er bedeutete also lediglich die Verminderung eines zumeist als ungesund betrachteten Bestandteils des Produkts. Meistens wurde mit „Light" der Fett-, Zucker-, oder Kaloriengehalt gemeint, aber auch Verminderungen von Nikotin, Koffein oder Alkohol wurden als „Light" betitelt.[4]

Seit dem 1. Juli 2007 gibt es allerdings eine EU-Verordnung, die regelt wann es erlaubt ist ein Produkt "light", "energiearm" oder anders zu nennen. Dafür dürfen die jeweils festgelegten Nähwertgrenzen für die Bezeichnungen nicht überschritten werden. Außerdem muss mindestens einer der Nährwerte Fett, Zucker, Alkohol oder Kalorien im Vergleich zum Original reduziert sein und es muss angegeben werden, wegen welches reduzierten Nährwerts das Produkt „leichter" ist als das Herkömmliche.[5] "Die neue Regelung definiert Light-Produkte nun klar und eindeutig", sagt Angela Clausen, Ernährungswissenschaftlerin bei der Verbraucherzentrale in Nordrhein-Westfalen. Denn die Unternehmen seien nun verpflichtet, ihre Produkte entsprechend zu kennzeichnen.[6]

Die von der EU-Verordnung bestimmten Nährwertgrenzen sind eindeutig festgelegt und klar zu verstehen. Sie sind zu unterteilen in Energie, also Kalorien, Fett, Zucker und Salz, Ballaststoffe, Eiweiß und sonstiges, wobei im Bezug auf „Light"-Produkte vor allem Kalorien, Fett und Zucker wichtig sind.

---

4 http://de.wikipedia.org/wiki/Light-Produkt

Stand: 17.Juli2010 Aufrufdatum: 16.August2010

(siehe Materialien Nr. 4)

5 http://www.bild.de/BILD/ratgeber/gesund-fit/2008/08/19/sind-light-produkte/wirklich-leicht.html

Stand: 19.August2008 Aufrufdatum: 16.August2010

(siehe Materialien Nr. 5)

6 http://lifestyle.t-online.de/diaet-und-light-produkte-eu-verordnung-soll-mehr-transparenz-bringen/id_12915656/index

Stand: 20.November2007 Aufrufdatum: 16.August2010

Die folgenden Bezeichnungen entnehme ich der Verordnung (EG) Nr. 1924/2006 des Europäischen Parlaments und des Rates über nährwert- und gesundheitsbezogene Angaben von Lebensmitteln: [7]

„ENERGIEARM

Die Angabe, ein Lebensmittel sei energiearm, sowie jede Angabe, die für den Verbraucher voraussichtlich dieselbe Bedeutung hat, ist nur zulässig, wenn das Produkt im Falle von festen Lebensmitteln nicht mehr als 40 kcal (170 kJ)/100 g oder im Falle von flüssigen Lebensmitteln nicht mehr als 20 kcal (80 kJ)/100 ml enthält. Für Tafelsüßen gilt ein Grenzwert von 4 kcal (17 kJ) pro Portion, die der süßenden Wirkung von 6 g Saccharose (ca. 1 Teelöffel Zucker) entspricht.

ENERGIEREDUZIERT

Die Angabe, ein Lebensmittel sei energiereduziert, sowie jegliche Angabe, die für den Verbraucher voraussichtlich dieselbe Bedeutung hat, ist nur zulässig, wenn der Brennwert um mindestens 30 % verringert ist; dabei sind die Eigenschaften anzugeben, die zur Reduzierung des Gesamtbrennwerts des Lebensmittels führen.

ENERGIEFREI

Die Angabe, ein Lebensmittel sei energiefrei, sowie jegliche Angabe, die für den Verbraucher voraussichtlich dieselbe Bedeutung hat, ist nur zulässig, wenn das Produkt nicht mehr als 4 kcal (17 kJ)/100 ml enthält. Für Tafelsüßen gilt ein Grenzwert von 0,4 kcal (1,7 kJ) pro Portion, die der süßenden Wirkung von 6 g Saccharose (ca. 1 Teelöffel Zucker) entspricht.

FETTARM

Die Angabe, ein Lebensmittel sei fettarm, sowie jegliche Angabe, die für den Verbraucher voraussichtlich dieselbe Bedeutung hat, ist nur zulässig, wenn das Produkt im Fall von festen Lebensmitteln weniger als 3 g Fett/100 g oder weniger als 1,5 g Fett/100 ml im Fall von flüssigen Lebensmitteln enthält (1,8 g Fett pro 100 ml bei teilentrahmter Milch).

---

[7] http://www.health-claims-verordnung.de/resources/hcvo-verordnungstext-berichtigt.pdf
L 12/16 DE Amtsblatt der Europäischen Union 18.1.2007
Stand: 18.Januar2007 Aufrufdatum: 12.September2010
(siehe Materialien Nr. 7)

FETTFREI/OHNE FETT

Die Angabe, ein Lebensmittel sei fettfrei/ohne Fett, sowie jegliche Angabe, die für den Verbraucher voraussichtlich dieselbe Bedeutung hat, ist nur zulässig, wenn das Produkt nicht mehr als 0,5 g Fett pro 100 g oder 100 ml enthält. Angaben wie „X % fettfrei" sind verboten.

ARM AN GESÄTTIGTEN FETTSÄUREN

Die Angabe, ein Lebensmittel sei arm an gesättigten Fettsäuren, sowie jegliche Angabe, die für den Verbraucher voraussichtlich dieselbe Bedeutung hat, ist nur zulässig, wenn die Summe der gesättigten Fettsäuren und der trans-Fettsäuren bei einem Produkt im Fall von festen Lebensmitteln 1,5 g/100 g oder 0,75 g/100 ml im Fall von flüssigen Lebensmitteln nicht übersteigt; in beiden Fällen dürfen die gesättigten Fettsäuren und die trans-Fettsäuren insgesamt nicht mehr als 10 % des Brennwerts liefern.

FREI VON GESÄTTIGTEN FETTSÄUREN

Die Angabe, ein Lebensmittel sei frei von gesättigten Fettsäuren, sowie jegliche Angabe, die für den Verbraucher voraussichtlich dieselbe Bedeutung hat, ist nur zulässig, wenn die Summe der gesättigten Fettsäuren und der trans-Fettsäuren 0,1 g je 100 g bzw. 100 ml nicht übersteigt.

ZUCKERARM

Die Angabe, ein Lebensmittel sei zuckerarm, sowie jegliche Angabe, die für den Verbraucher voraussichtlich dieselbe Bedeutung hat, ist nur zulässig, wenn das Produkt im Fall von festen Lebensmitteln nicht mehr als 5 g Zucker pro 100 g oder im Fall von flüssigen Lebensmitteln 2,5 g Zucker pro 100 ml enthält.

ZUCKERFREI

Die Angabe, ein Lebensmittel sei zuckerfrei, sowie jegliche Angabe, die für den Verbraucher voraussichtlich dieselbe Bedeutung hat, ist nur zulässig, wenn das Produkt nicht mehr als 0,5 g Zucker pro 100 g bzw. 100 ml enthält.

OHNE ZUCKERZUSATZ

Die Angabe, einem Lebensmittel sei kein Zucker zugesetzt worden, sowie jegliche Angabe, die für den Verbraucher voraussichtlich dieselbe Bedeutung hat, ist nur zulässig, wenn das Produkt keine zugesetzten Mono- oder Disaccharide oder irgendein anderes wegen seiner süßenden Wirkung verwendetes Lebensmittel enthält. Wenn das Lebensmittel von Natur aus Zucker enthält, sollte das Etikett auch den folgenden Hinweis enthalten: „ENTHÄLT VON NATUR AUS ZUCKER"."

Trotz der deutlichen Vorschriften zur Kennzeichnung stößt die Definition von „Light" immer noch auf Kritik. Denn selbst wenn z.B. Chips fettreduziert sind, enthalten sie dennoch genauso viele Kalorien wie „normale" Chips. Deshalb bedeutet „Light" nicht unbedingt, dass man durch den Verzehr der Produkte abnehmen kann oder nicht auf Kalorien, Fett oder Zucker achten muss.

2.2. Nachteile von Light-Produkten

Obwohl Light-Produkte von der Werbung als das „Wundermittel" schlechthin angepriesen werden, haben sie einige Nachteile, die ich im Folgenden erläutern möchte.

2.2.1 Erhöhter Kaufpreis

Ein Nachteil von Light-Produkten ist der erhöhte Kaufpreis. Es gibt bestimmte Marken, die sich auf Light-Produkte spezialisiert haben. Diese Marken, also z.B. „du darfst" verlangen einen teureren Kaufpreis als für „normale" Produkte üblich wäre. Da aber inzwischen jeder vierte Deutsche regelmäßig zu Light-Produkten greift, scheint es die Menschen nicht zu stören, dass sie mehr Geld ausgeben müssen um sich diese leisten zu können. Denn um vermeintlich gesündere Lebensmittel konsumieren zu können, sind die Konsumenten oftmals bereit tiefer in die Tasche zu greifen. [8]

---

[8] http://www.lifeline.de/special/diaet_lebensweise/diaetprodukte/content-128998.html
Stand: 20.Juni2008 Aufrufdatum: 2.Novemver2010
(siehe Materialien Nr. 3)

2.2.2 Abnehmen durch Light-Produkte?

Obwohl die Hersteller oft versprechen, mit Light-Produkten das Gewicht ohne Probleme reduzieren zu können, ist das oft nicht der Fall. Das hat mehrere Gründe:

2.2.3. Erhöhte Nahrungsaufnahme

Einer der Gründe ist, dass von Light-Produkten mehr konsumiert wird als von normalen Produkten. Das liegt an dem nur kurz anhaltenden Sättigungsgefühl, das sich nach dem Verzehr von Light-Produkten erst verspätet einstellt. Außerdem fehlt nach dem Konsum von Light-Produkten oftmals das schlechte Gewissen bei den Konsumenten, weshalb mehr gegessen wird als üblich wäre. [9]

---

9 http://www.ams-international.org/download/Infos_Tipps/Light%20-%20Produkte%20-%20Achtung!.pdf

Stand: o.A. Aufrufdatum: 16.Oktober2010

(siehe Materialien Nr. 1)

http://www.kochmix.de/kochmagazin-light-produkte--sinnvoll-fuer-die-diaet-und-den-koerper-187.html

Stand: 6.August2007 Aufrufdatum: 16.Oktober2010

(siehe Materialien Nr. 8)

http://www.wellness-gesund.info/Artikel/14260.html

Stand: 14.September2010 Aufrufdatum: 16.Oktober2010

(siehe Materialien Nr. 9)

Müller, S.D., Mythos Süßstoff, o.O, Kneipp, 2010. S.56, S.59

http://www.ksta.de/html/artikel/1203599406773.shtml

Stand: 18März2008 Aufrufdatum: 16.Oktober2010

(siehe Materialien Nr. 10)

2.2.3.1 Verzögerung des Sättigungsgefühls

Ernährungswissenschaftler haben festgestellt, dass bei normalen Produkten das Sättigungsgefühl schneller eintritt als bei Light-Produkten.[10] Das liegt daran, dass Light-Produkten teilweise die Nährgehalte fehlen[11] oder die Light-Produkte aufgeschäumt wurden, um ihr Volumen zu vergrößern. Deshalb setzt bei Light-Produkten das Sättigungsgefühl erst später ein und es wird mehr gegessen, als von üblichen Produkten. Außerdem hält das Sättigungsgefühl nicht lange an, weshalb bald wieder das Bedürfnis nach Nahrung verspürt wird.[12]

---

10 http://www.ams-international.org/download/Infos_Tipps/Light%20-%20Produkte%20-%20Achtung!.pdf

Stand: o.A. Aufrufdatum: 16.Oktober2010

(siehe Materialien Nr. 1)

11 http://www.kochmix.de/kochmagazin-light-produkte--sinnvoll-fuer-die-diaet-und-den-koerper-187.html

Stand: 6.August2007 Aufrufdatum: 16.Oktober2010

(siehe Materialien Nr. 8)

12 http://www.wellness-gesund.info/Artikel/14260.html

Stand: 14.September2010 Aufrufdatum: 16.Oktober2010

(siehe Materialien Nr. 9)

2.2.3.2 Fehlendes Reuegefühl

Viele Menschen werden durch die Aufschrift „light" dazu verleitet, mehr zu essen. Dass könnte man auf die Psyche zurückführen.[13] Es gibt Studien die beweisen, dass Menschen mehr von Light-Produkten essen als von normalen Produkten, weil das schlechte Gewissen ausbleibt. Denn „[v]iele Menschen denken, sie könnten davon mehr essen, und summieren sich so wieder einen hohen Kaloriengehalt zusammen" meint auch Maria Flothkötter vom „aid"-Verbraucherschutz für Ernährung.[14]

---

13 Müller, S.-D., Mythos Süßstoff, o.O, Kneipp, 2010, S.56, S.59

14 http://www.ksta.de/html/artikel/1203599406773.shtml

Stand: 18März2008 Aufrufdatum: 16.Oktober2010

(siehe Materialien Nr. 10)

2.2.4. Austausch von Geschmacksträgern

Ein anderer Grund für den geringen Erfolg beim Abnehmen, ist der Austausch von Geschmacksträgern in Light-Produkten. Einer Studie der Deakin University zufolge haben durchschnittliche Mahlzeiten eine Energiedichte von 5,1 kJ/g, während fettarme Lebensmittel eine durchschnittliche Energiedichte von 7,7 kJ/g aufweisen, ganze 2,6 kJ/g mehr. Nahrungsmittel mit einem niedrigeren Fettgehalt weisen also oft eine höhere Energiedichte auf.

Studienleiterin Helen La Fontaine kritisiert diese Ergebnisse, denn sie ist der Meinung: "Viele Leute, die diese Produkte kaufen, wollen auf ihr Gewicht achten und erwarten daher, dass die Lebensmittel auch einen niedrigeren Energiegehalt haben. Tatsächlich ist der Energiegehalt auch niedriger als bei den entsprechenden Produkten mit höherem Fettgehalt, allerdings sind sie trotzdem sehr energiereich." [15]

Die Ergebnisse fallen deshalb so aus, weil bei Light-Produkten einer oder sogar mehrere Inhaltsstoffe gegenüber dem Original entweder ausgetauscht oder weggelassen werden müssen, um überhaupt einen Light-Effekt zu erzielen. Wenn der Fettgehalt reduziert wird, wird jedoch auch ein wichtiger Geschmacksträger reduziert, was zu Folge hat, dass bei Light-Produkten oft der Geschmack schlechter ist und sich die Konsistenz und dadurch auch die Streichfähigkeit z.B. bei Käse und Quark verschlechtert.[16]

Um den schlechten Geschmack zu verhindern wird oft mehr Zucker als üblich in fettreduzierten Light-Produkten verwendet, weshalb das Produkt zwar fettreduzierter ist, aber dafür eine höhere Energiedichte aufweist.

---

[15] http://www.medizinauskunft.de/artikel/gesund/Essen_Trinken/16_06_light_produkte.php

Stand: 6.Juni2004 Aufrufdatum:17.Oktober2010

(siehe Materialien Nr. 11)

[16] http://www.rezepte-und-tipps.de/Lebensmittelkunde/Lightprodukte.html

Stand: 2007 Aufrufdatum: 17.Oktober2010

(siehe Materialien Nr. 12)

Dass Fett gegen Zucker getauscht wird, ist am besten in Joghurts zu beobachten, wo die fettreduzierte Version fast immer mehr Zucker enthält als das Original.

Das Gegenteil kann natürlich auch der Fall sein: Dass statt Zucker Süßstoffe oder Zuckeralkohole verwendet werden und das Produkt als „Light" bezeichnet wird, obwohl die enthaltene Fettmenge immer noch enorm ist, weshalb das Produkt dennoch eine Kalorienbombe ist.[17]

Kritiker behaupten oft, dass auch der Süßstoff oder die Zuckeralkohole in Light-Produkten ein Problem sind, weil diese dem Körper Zucker signalisieren und deshalb den Insulinspiegel erhöht. Laut den Kritikern kommt es zu einem schnellen Abbau des Blutzuckerspiegels, weil dem Körper kein Zucker zugeführt wurde. Dieser rasche Abbau des Blutzuckerspiegels bewirkt starken Heißhunger. [18]Man spricht hier vom cephalischen Insulinreflex. Es wird behauptet, dass Süßstoffe und Zuckeralkohole sich auf die Insulinausschüttung auswirken und vermehrt Hunger oder Heißhunger auf Süßes auslösen. Der Psychologe John Blundwell führte 1988 eine Untersuchung durch. Die Testpersonen bekamen vor jeder Mahlzeit eine wässrige Aspartam-Lösung und einen Saccharin-gesüßten Joghurt. Da die Süßstoffgruppe im Vergleich zur Zuckergruppe angab ein größeres Hungergefühl zu verspüren, wurde der cephalische Insulinreflex vermutet. Dieser konnte jedoch nie wissenschaftlich belegt werden. Stattdessen wurde mehrfach nachgewiesen, dass Süßstoffe und Zuckeralkohole keinen Einfluss auf die Insulin-Ausschüttung und dadurch Hunger oder Appetit haben, z.B. von Härtel und Steininger, die folgende Ergebnisse festgehalten haben. [19] (s. Abb. 1)

---

17 http://www.fitforfun-food.de/klugabnehmen-thema-light-produkte.php

Stand: 2008 Aufrufdatum: 17.Oktober2010

(siehe Materialien Nr. 13)

18 http://www.fitundgesund.at/ernaehrungsluegen/light-produkte-machen-schlank.36.htm

Stand: 2010 Aufrufdatum: 17.Oktober2010

(siehe Materialien Nr. 14)

19 Müller, S.-D., Mythos Süßstoff, o.O, Kneipp, 2010, S.60

Abbildung 1: Vergleich der Insulin und Glukoseausschüttung bei unterschiedlichen Nahrungsmitteln:

[20]

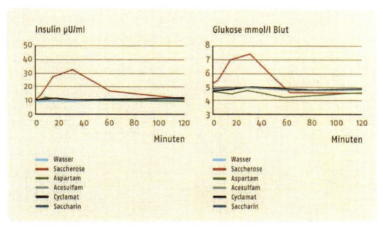

---

[20] Müller, S.-D., Mythos Süßstoff, o.O, Kneipp, 2010, S.60

2.2.5. Chemische Zusatzstoffe

Da vor allem fettreduzierte Light-Produkte geschmacklich schlechter sind, werden oft künstliche Aromastoffe eingesetzt um diese geschmacklich zu verbessern. [21] Diese Aromastoffe, vor allem Glutamat, haben chlechte Nebenwirkungen, die weitläufig bekannt sind. Jedoch enthalten nicht nur Light-Produkte Glutamat oder Geschmacksverstärker. Vielmehr sind diese in fast allen Fertiggerichten und Würzsoßen zu finden.[22]

---

21 https://www.kloesterl-apotheke.de/Archiv/Service/Beratung/Lightprodukte/lightprodukte.php

Stand: k.A. Aufrufdatum: 2.November2010

(siehe Materialien Nr. 15)

22 http://eatsmarter.de/magazin/thema-des-tages/gefaehrlich-glutamat.html

Stand: k.A. Aufrufdatum: 2.November2010

(siehe Materialien Nr. 16)

2.3. Zuckeraustauschstoffe in Light-Produkten

Um in zuckerfreien oder -armen Light-Produkten den süßen Geschmack trotz fehlenden Zuckers beibehalten zu können oder um ein Produkt kalorienärmer zu machen, werden oft, wie oben beschrieben, Zuckeraustauschstoffe in Light-Produkten verwendet. [23]

---

23 Müller, S.-D., Mythos Süßstoff, o.O, Kneipp, 2010, S.38

2.3.1. Überblick über die verwendeten Zuckeraustauschstoffe

Zu den Zuckeraustauschstoffen gehören Süßstoffe, Zuckeralkohole und Fruktose, wobei Fruktose, also Fruchtzucker, 50% mehr Süßkraft hat als Haushaltszucker, jedoch bei gleichem Brennwert. Deshalb kann es sein, dass man bei Verzehr von kalorienreduzierten Light-Produkten, die mit Fruktose gesüßt sind, trotzdem noch eine große Menge Kalorien zu sich nimmt.[24]

Ich möchte im Folgenden näher auf Süßstoffe und Zuckeralkohole eingehen, die ein wichtiger Bestandteil von Light-Produkten sind, da sie bei gleicher Süßkraft fast keine Kalorien enthalten. Besonders großen Erfolg haben sie bei der Verwendung in Erfrischungsgetränken, doch auch in Eiscreme, Fruchtjoghurt und Konfekt werden sie eingesetzt. 1993 lag ihr Anteil am gesamten Süßungsmittel-Markt in den USA bereits bei 25%.[25] Hier ein Überblick über die verwendeten Süßstoffe und Zuckeralkohole und deren E-Nummern:

Zuckeralkohole (E-Nummer)	Süßkraft (Saccharose = 1)
Erythrit (E 968)	0,6-0,8
Sorbit (E 420)	0,5
Xylit (E 967)	1
Mannit (E 421)	0,7
Isomalt (E 953)	0,5
Maltit (E 965)	0,7
Lactit (E 966)	0,4
Maltitol-Sirup (E 965)	0,9

---

24 Müller, S.-D., Mythos Süßstoff, o.O, Kneipp, 2010, S.44

25 Merki, C. M., Zucker gegen Saccharin, New York, Campus, 1993

In der EU zugelassene Süßstoffe (E-Nummer)	Süßkraft (Saccharose = 1)
Acesulfam (E 950)	130–200
Aspartam (E 951)	200
Aspartam-Acesulfam-Salz (E 962)	350
Cyclamat (E 952)	30–50
Saccharin (E 954)	300–500
Sucralose (E 955)	600
Thaumatin (E 957)	2.000–3.000
Neohesperidin (E 959)	400–600
Neotam (E 961)	10.000–13.000[26]

26 http://de.wikipedia.org/wiki/S%C3%BC%C3%9Fstoff

Stand: 22.Oktober2010 Aufrufdatum: 1.November2010

(siehe Materialien Nr. 17)

2.3.2. Nachteile von Zuckeraustauschstoffen

Neben dem Nachteil, dass Fruktose sehr viele Kalorien enthält und trotzdem in Light-Produkten Verwendung findet, haben auch die anderen Zuckeraustauschstoffe Nachteile.

Wie Fruktose, die 4 kcal/g besitzt, sind auch die Zuckeralkohole ebenfalls nicht kalorienfrei, da sie je nach Art ca. 2,4 kcal/g besitzen. Im Vergleich dazu: Zucker besitzt wie Fruktose 4 kcal/g.

Dazu kommt, dass die Süßkraft der Zuckeralkohole geringer ist als die der Süßstoffe und als Haushaltszucker (Saccharose), wie man anhand der Tabellen sehen kann. Deshalb muss mehr von Zuckeralkoholen verwendet werden um die gleiche Süße zu erreichen.

Außerdem können Zuckeralkohole bei übermäßigem Verzehr und bei empfindlichen Personen stark abführend wirken, sowie Blähungen und Bauchschmerzen verursachen und andere Unverträglichkeitsreaktionen auslösen. Deshalb hat die EU verordnet, dass keine Zuckeralkohole in Getränken verwendet werden dürfen, da beim Trinken oft größere Mengen verzehrt werden. [27]

---

[27] Müller, S.-D., Mythos Süßstoff, o.O, Kneipp, 2010, S. 44, S. 45, S. 46, S.47, S. 55

2.3.3. Vorurteile gegen Süßstoff

Süßstoffe hingegen haben keinen Einfluss auf das Verdauungssystem. Dafür werden ihnen andere negative Eigenschaften zugeschrieben, die oftmals nicht wissenschaftlich beweisbar sind. So heißt es, dass Süßstoffe den cephalischen Insulinreflex auslösen, den ich bereits in 2.2.4 beschrieben habe.

Ein weiteres Vorurteil mit welchem Süßstoff immer bedacht wird, ist die Verwendung von Süßstoffen als Mastmittel. Es wird behauptet, dass vor allem in der Kuh- und Schweinemast Süßstoffe verwendet werden um den Appetit der Tiere zu steigern. Diese Behauptung ist allerdings falsch, da Süßstoffe keine appetitsteigernde Wirkung haben. Der Agrarexperte Prof. Dr. Edgar Schulz von der Bundes-forschungsanstalt betont, dass Süßstoffe in Mastbetrieben nur verwendet werden, um das Kälber- oder Ferkelfutter zu süßen und aromatisieren, und so die Jungtiere leichter von der Muttermilch zu entwöhnen.[28]

Desweiteren heißt es häufig, dass Süßstoffe Allergien auslösen. Tatsächlich können alle Lebensmittel, die Proteine, Peptide oder Aminosäuren enthalten, Allergien auslösen. Wenn allerdings Reaktionen auf Süßstoffe folgen, die keine Proteine, Peptide oder Aminosäuren enthalten, dann sind dies meist pseudoallergische Reaktionen oder Unverträglichkeitsreaktionen. Demnach kann man nicht pauschal behaupten, dass Süßstoffe Allergien hervorrufen.[29]

Zudem wird oft behauptet, dass Süßstoffe krebserregend sind, da kanadische Wissenschaftler bei Ratten im Jahr 1977 registrierten, dass die Ratten, deren Futter mit 5% Saccharin angereichert war, eine erhöhte Häufigkeit von Blasenkrebs hatten. Allerdings war die Süßstoff-Dosis so hoch, dass ein Mensch 270 Liter süßstoffgesüßte Limonade trinken müsste um diese Dosis zu erreichen. Die Behauptung, dass Süßstoffe bei normalem Verzehr Blasenkrebs auslösen, ist also nicht bestätigt.[30]

---

28 Müller, S.-D., Mythos Süßstoff, o.O, Kneipp, 2010, S. 55, S. 59, S. 60, S. 61

29 Breede, M., Süßstoffe, Rostock, Grin, 2003, S. 38

2.3.4 Vorteile von Süßstoff gegenüber Zucker

Doch es ist nicht nur so, dass viele der Vorurteile gegen Süßstoffe nicht stimmen. Süßstoffe haben auch viele Vorteile im Vergleich zu Zucker:

Einige Studien haben gezeigt dass der Ersatz von zuckerhaltigen Softdrinks durch süßstoffgesüßte Alternativen zur Reduktion des Körpergewichts führt. Denn Süßstoffe sind fast kalorienfrei und werden deswegen oft in Getränken genutzt, was diese um einiges kalorienärmer macht, als zuckerhaltige Getränke. Außerdem können mit Süßstoffen viele Erkrankungen behandelt werden oder das Leben von Menschen, die auf eine Ernährungstherapie angewiesen sind, erleichtert werden. Zu den Erkrankungen gehören Übergewicht, Adipositas, bestimmte Formen von Kohlehydratverdauungs- und Kohlenhydratstoffwechselstörungen. Auch Diabetikern kann mit Süßstoffen geholfen werden, denn sie benötigen kein Insulin, wenn sie sich nur von Lebensmitteln ernähren, die mit Süßstoff gesüßt sind. Bei erhöhten Blutfettwerten kann eine Ernährung mit süßstoffgesüßten Lebensmitteln empfohlen werden, da diese keinen Einfluss auf den Fettstoffwechsel haben.

Zudem ist es wissenschaftlich bewiesen, dass Süßstoffe, im Gegensatz zu Zucker, kariesverursachenden Bakterien keinen Nährboden bieten. [31]

Nachdem einige Zeit lang behauptet wurde, dass der Süßstoff Saccharin Blasenkrebs auslösen kann, nachdem man diesen an Ratten getestet hatte,[32] wurde nun in Studien nicht nur nachgewiesen, dass diese Behauptung falsch ist, sondern dass die Süßstoffe Acesulfam-K, Aspartam und Saccharin bei einer Stressblase und -inkontinenz helfen können, da schwache Konzentrationen der Süßstoffe die Kontraktion des entscheidenden Muskels verstärken können. [33]

---

30 Merki, C. M., Zucker gegen Saccharin, New York, Campus, 1993

31 Müller, S.-D., Mythos Süßstoff, o. O. Kneipp Verlag, 2010, S. 44

32 http://www.diabetes-kids.de/artikel/kunstliche-sussstoffe-statt-zucker-164
Stand: 15.März2002 Aufrufdatum: 05.Oktober2010
(siehe Materialien Nr. 18)

33 Müller, S.-D., Mythos Süßstoff, o. O. Kneipp Verlag, 2010, S.67

Auch Markus Breede sieht Vorteile von Süßstoffen gegenüber Zucker, sei es für Diabetiker oder zur Verhinderung von Karies. „Zucker steht im Verdacht, Diabetes Typ II zu verursachen, außerdem fördert ein großer Zuckerkonsum Übergewicht und ist schädlich für die Zähne, denn Zucker ist ein Nahrungsmittel für kariesverursachende Bakterien. Auf Süßstoffe trifft dies alles nicht zu."[34]

---

[34] Breede, M., Süßstoffe, Rostock, Grin, 2003, S. 29

3. Fazit über Light-Produkte

Sind Light-Produkte Sinn oder Unsinn – ich weiß es nicht! Ich denke, es kommt auf den richtigen Umgang mit Light-Produkten an. Man kann sicherlich mit Light-Produkten abnehmen, vorausgesetzt man beachtet einige Regeln. Dazu gehört, dass man langsamer isst, damit man das verzögerte Sättigungsgefühl realisiert, bevor man zu viel gegessen hat. Außerdem darf man sich nicht von seinem Gewissen verleiten lassen, mehr zu essen, nur weil das Produkt weniger Kalorien, Zucker oder Fett enthält, denn dann wäre der „Light"-Effekt zunichte. Doch auch wenn man diese Punkte beachtet, sollte man trotzdem vor dem Verzehr die Packungsangaben durchlesen, damit man z.B. bei fettreduzierten Produkten nicht viel mehr Zucker zu sich nimmt und dadurch keine Kalorienersparnis und keinen Erfolg beim Abnehmen hat. Im Allgemeinen denke ich nicht, dass Light-Produkte schaden, es kann nur passieren, dass man keinen Erfolg mit Ihnen beim Abnehmen hat oder schlimmstenfalls sogar zunimmt. Zu den schädlichen Zusatzstoffen möchte ich anmerken, dass diese in fast jedem nicht selbst zubereitetem Gericht sind und man sie deshalb kaum vermeiden kann.

Ein definitiver Vorteil, ist der Konsum von süßstoffhaltigen anstatt zuckerhaltigen Getränken. Die Einsparung der Kalorien durch die „Light"-Versionen von Softgetränken ist enorm. Auch wenn Süßstoffe laut neuester Studien keine schädlichen Nebenwirkungen haben, wäre das gesündeste Getränk immer noch Wasser oder ungesüßter Tee, wie man es so oft in Diät-Zeitschriften liest. Es bleibt immer ein Restrisiko, wenn man Süßstoffe zu sich nimmt. Gerade wenn es um Regelmechanismen und Proteine geht, ist noch nicht alles im menschlichen Körper erforscht. Es könnte sein, dass ein Süßstoff in einen dieser Mechanismen eingreift, obwohl bei den getesteten Versuchstieren nichts passiert ist. Außerdem könnte es zu sich verstärkenden Nebenwirkungen mit Medikamenten oder Umweltgiften geben. Niemand kann garantieren, dass Süßstoffe wirklich sicher sind.[35]

---

35 Breede, M., Süßstoffe, Rostock, Grin, 2003, S. 40

Aber wäre es nicht am einfachsten, wenn wir bewusster konsumieren würden, anstatt immer nur auf die Quantität zu schauen. Ich bin der Meinung, dass Light-Produkte unnötig sind, wenn man seine Ernährung im Griff hat. Man muss nicht fingerdick fettreduzierte Margarine auf sein Brot streichen, es reicht auch ein bisschen ganz normale Butter. Wenn wir einfach in Maßen genießen würden, anstatt uns der Völlerei hinzugeben, bräuchten wir wahrscheinlich keine Light-Produkte.

Anhang:

Materialienliste

Nr. 1   http://www.ams-international.org/download/Infos_Tipps/Light%20-%20Produkte%20-%20Achtung!.pdf

„Geschmackssache: Light Produkte

Spätestens zur Eröffnung der Badesaison fällt unser Blick kritischer denn je auf Röllchen am Bauch und kneifende Hosen an Bein und Po. Die Fitnesswelle rollt, doch für so manchen ist Sport Mord. Es scheint doch da viel einfacher, nur noch Lebensmittel zu essen, die "light", also leichter und damit kalorienärmer, sind. Das Gewissen ist beruhigt, denn die Werbung sagt "Du darfst". (…) Das Abnehmen mit diesen Produkten ist nicht leicht, da sie dem Verbraucher suggerieren, beliebig viel davon essen zu können.

Ernährungswissenschaftler haben festgestellt, dass bei Produkten mit natürlichem Fettgehalt wesentlich schneller ein Sättigungsgefühl eintritt - vorausgesetzt man isst langsam. Bei fettreduzierten Produkten dauert es wesentlich länger, also isst man mehr. Light-Produkte sind daher auf die Dauer ernährungsphysiologisch nicht empfehlenswert..."

Nr. 2   http://lifestyle.t-online.de/light-produkte-wie-light-produkte-den-koerper-austricksen/id_12915514/index

„Ob Käse, Joghurt oder Getränke: Das Angebot an Light-Produkten ist riesig. Jeder vierte Einkäufer greift regelmäßig zu den vermeintlich kalorienarmen Lebensmitteln, zeigt eine Studie der Gesellschaft für Konsumforschung (GfK). Doch nicht überall, wo "light" oder "leicht" draufsteht, sind auch weniger Kalorien drin. So enthalten fettreduzierte Lebensmittel manchmal beträchtliche Zuckermengen, die sich ebenso auf der Waage bemerkbar machen wie das fettreiche Original. Lesen Sie hier, wie Hersteller bei der Nährwert-Kennzeichnung schummeln."

Nr. 3   http://www.lifeline.de/special/diaet_lebensweise/diaetprodukte/content-128998.html

„Wer schon einmal sein Gewicht reduzieren wollte, kennt die Prozedur: frustrierende Diäten und schweißtreibende Stunden im Fitnessstudio. Seit einigen Jahren erobern die so genannten Lightprodukte den Markt. Sie sollen schmecken wie die Originale, aber weniger Fett und Kalorien enthalten. Nach dem Urteil der Zeitschrift ÖKO-TEST dienen sie jedoch höchstens der Erleichterung des Gewissens, nicht aber der Gewichtsabnahme.

Bei jedem vierten Einkäufer gehört der Griff zum Lightprodukt zum täglichen Einkauf, so das Ergebnis einer aktuellen Studie der Gesellschaft für

Konsumforschung. Ob Wurst, Käse, Joghurt, Kartoffelchips oder Margarine - inzwischen gibt es fast alles auch in fettarmer und kalorienreduzierter Variante. Die Verbraucherzeitschrift ÖKO-TEST hat die Qualität einiger Produkte untersucht und ist zu sehr unterschiedlichen Ergebnissen gekommen."

Nr. 4 http://de.wikipedia.org/wiki/Light-Produkt

„Light (engl. light = leicht) ist eine verbreitete Zusatzbezeichnung für Lebens- bzw. Genussmittel. Je nach Produkt steht light für einen reduzierten Gehalt an als ungesund angesehenen Bestandteilen wie Fett, Zucker, Alkohol, Nikotin oder den Verzicht darauf. Der Begriff light ist gesetzlich nicht definiert. Er kann daher zum Beispiel bedeuten kalorienreduziert, fettarm, zuckerfrei, mit wenig Kohlensäure, mit wenig Koffein usw.

Einige dieser Begriffe sind jedoch gesetzlich definiert. Als fettreduziert dürfen Lebensmittel nur bezeichnet werden, wenn sie mindestens 40 Prozent weniger Fett enthalten als normale Produkte. Kalorienarme Lebensmittel dürfen maximal 50 Kilokalorien pro 100 Gramm enthalten, Getränke und Suppen maximal 20 Kilokalorien. Kalorienreduziert sind Produkte, die mindestens 40 Prozent weniger Kalorien enthalten als übliche Lebensmittel.

In der Europäischen Union sind seit dem 19. Januar 2007 neue Regelungen in Kraft, die die Verwendung des Begriffs light regeln sollen (z.B. für Milchprodukte) oder sogar verbieten (z.B. seit kurzem für Zigaretten). Bis zum 1. Juli galten Übergangsfristen."

Nr. 5 http://www.bild.de/BILD/ratgeber/gesund-fit/2008/08/19/sind-light-produkte/wirklich-leicht.html

„Nicht immer halten alle „Light"-Lebensmittel, was sie versprechen. Die Packungsangaben verwirren. Einige Produkte enthalten sogar versteckte Dickmacher. Die wichtigsten Fragen zu „Light"-Produkten beantwortet die Ernährungswissenschaftlerin Antje Gahl (40) von der Deutschen Gesellschaft für Ernährung.

Was bedeutet eigentlich der Begriff „Light"?

Dass ein Lebensmittel mindestens 30 Prozent weniger Fett, Zucker, Alkohol oder Kalorien als das Originalprodukt hat. Seit dem 1. Juli 2007 gibt es eine EU-Verordnung, die „Light" definiert. Danach bedeutet „Light" das Gleiche wie „reduziert". Der Hersteller muss angeben, was das Lebensmittel „leicht" macht – ob zum Beispiel der Fett-, Zucker-, Alkohol- oder Koffeingehalt reduziert ist.

Ist der Begriff geschützt?

Er ist eher eine Orientierungshilfe. „Light" darf aber nur eingesetzt werden, wenn er der EU-Nährwert-Verordnung entspricht. Das heißt, einer der Nährwerte Fett, Zucker, Alkohol oder Kalorien muss im Vergleich zum Original reduziert sein."

Nr. 6 http://lifestyle.t-online.de/diaet-und-light-produkte-eu-verordnung-soll-mehr-transparenz-bringen/id_12915656/index

„Traumhaft schlanke Frauen löffeln lachend cremige Desserts oder naschen Süßigkeiten: Glaubt man der Werbung, so ist das Abnehmen mit Light-Produkten mühelos und ohne Verzicht möglich. Doch nicht überall, wo "light" oder "leicht" draufsteht, sind auch weniger Kalorien drin. So enthalten fettreduzierte Lebensmittel manchmal beträchtliche Zuckermengen, die sich ebenso auf der Waage bemerkbar machen wie das fettreiche Original. Eine neue EU-Verordnung soll nun mehr Transparenz in das Geschäft mit Light-Produkten bringen, indem sie deren Kennzeichnung und Werbung einheitlich regelt. Demnach müssen Produkte, die vom Hersteller als "fettarm" oder "kalorienreduziert" anpriesen werden, auch tatsächlich weniger Kalorien enthalten. Was die Verbraucher freuen dürfte, bringt Hersteller in die Bredouille.

Klare Definition von "light"

Der Begriff "light" war in Deutschland bislang nicht klar definiert. Dies ändert sich nun: So darf ein mit "fettarm" beworbenes Produkt ab sofort nicht mehr als drei Gramm Fett pro 100 Gramm enthalten - Getränke höchstens 1,5 Prozent. Als "zuckerfrei" gilt zum Beispiel ein Lebensmittel nur noch, wenn es höchstens 0,5 Gramm Zucker pro 100 Gramm oder Milliliter enthält. "Die neue Regelung definiert Light-Produkte nun klar und eindeutig", sagt Angela Clausen, Ernährungswissenschaftlerin bei der Verbraucherzentrale Nordrhein-Westfalen. Die Unternehmen müssen ihre Verpackungen bis zum 1. Juli 2007 entsprechend kennzeichnen. Eine hilfreiche Entwicklung für die Verbraucher, bedenkt man, dass jeder vierte Einkäufer regelmäßig zu Light-Produkten greift. Das ergab eine Studie der Gesellschaft für Konsumforschung.

Kalorien im Blick behalten

Dennoch warnt die Expertin davor, sich Illusionen hinzugeben: "Die Konsumenten sollten bei Light-Produkten die Kalorienangaben weiterhin im Blick haben". Denn ein als zuckerfrei angepriesener Diät-Joghurt, bei dem Zucker durch Süßstoff ersetzt wurde, könne genauso fett und dadurch kalorienreich sein, wie ein normaler Joghurt. Als Freibrief für hemmungsloses Essen sollte der Verbraucher Light-Produkte deshalb nicht sehen. Oftmals verbergen Hersteller laut Clausen die negativen Eigenschaften ihres Produkts: So stehe auf einem stark zuckerhaltigen Getränk positive Werbeslogan wie "cholesterinfrei" oder "fettarm". Das führe die Verbraucher in die Irre und verleiten ihn zum Kauf ungesunder Lebensmittel."

Nr. 7 http://www.health-claims-verordnung.de/resources/hcvo-verordnungstext-berichtigt.pdf

„Nährwertbezogene Angaben und Bedingungen für ihre Verwendung

ENERGIEARM

Die Angabe, ein Lebensmittel sei energiearm, sowie jede Angabe, die für den Verbraucher voraussichtlich dieselbe Bedeutung hat, ist nur zulässig, wenn das

Produkt im Falle von festen Lebensmitteln nicht mehr als 40 kcal (170 kJ)/100 g oder im Falle von flüssigen Lebensmitteln nicht mehr als 20 kcal (80 kJ)/100 ml enthält. Für Tafelsüßen gilt ein Grenzwert von 4 kcal (17 kJ) pro Portion, die der süßenden Wirkung von 6 g Saccharose (ca. 1 Teelöffel Zucker) entspricht.

ENERGIEREDUZIERT

Die Angabe, ein Lebensmittel sei energiereduziert, sowie jegliche Angabe, die für den Verbraucher voraussichtlich dieselbe Bedeutung hat, ist nur zulässig, wenn der Brennwert um mindestens 30 % verringert ist; dabei sind die Eigenschaften anzugeben, die zur Reduzierung des Gesamtbrennwerts des Lebensmittels führen.

ENERGIEFREI

Die Angabe, ein Lebensmittel sei energiefrei, sowie jegliche Angabe, die für den Verbraucher voraussichtlich dieselbe Bedeutung hat, ist nur zulässig, wenn das Produkt nicht mehr als 4 kcal (17 kJ)/100 ml enthält. Für Tafelsüßen gilt ein Grenzwert von 0,4 kcal (1,7 kJ) pro Portion, die der süßenden Wirkung von 6 g Saccharose (ca. 1 Teelöffel Zucker) entspricht.

FETTARM

Die Angabe, ein Lebensmittel sei fettarm, sowie jegliche Angabe, die für den Verbraucher voraussichtlich dieselbe Bedeutung hat, ist nur zulässig, wenn das Produkt im Fall von festen Lebensmitteln weniger als 3 g Fett/100 g oder weniger als 1,5 g Fett/100 ml im Fall von flüssigen Lebensmitteln enthält (1,8 g Fett pro 100 ml bei teilentrahmter Milch).

FETTFREI/OHNE FETT

Die Angabe, ein Lebensmittel sei fettfrei/ohne Fett, sowie jegliche Angabe, die für den Verbraucher voraussichtlich dieselbe Bedeutung hat, ist nur zulässig, wenn das Produkt nicht mehr als 0,5 g Fett pro 100 g oder 100 ml enthält. Angaben wie „X % fettfrei" sind verboten.

ARM AN GESÄTTIGTEN FETTSÄUREN

Die Angabe, ein Lebensmittel sei arm an gesättigten Fettsäuren, sowie jegliche Angabe, die für den Verbraucher voraussichtlich dieselbe Bedeutung hat, ist nur zulässig, wenn die Summe der gesättigten Fettsäuren und der trans-Fettsäuren bei einem Produkt im Fall von festen Lebensmitteln 1,5 g/100 g oder 0,75 g/100 ml im Fall von flüssigen Lebensmitteln nicht übersteigt; in beiden Fällen dürfen die gesättigten Fettsäuren und die trans-Fettsäuren insgesamt nicht mehr als 10 % des Brennwerts liefern.

FREI VON GESÄTTIGTEN FETTSÄUREN

Die Angabe, ein Lebensmittel sei frei von gesättigten Fettsäuren, sowie jegliche Angabe, die für den Verbraucher voraussichtlich

dieselbe Bedeutung hat, ist nur zulässig, wenn die Summe der gesättigten Fettsäuren und der trans-Fettsäuren 0,1 g je 100 g bzw. 100 ml nicht übersteigt.

ZUCKERARM

Die Angabe, ein Lebensmittel sei zuckerarm, sowie jegliche Angabe, die für den Verbraucher voraussichtlich dieselbe Bedeutung hat, ist nur zulässig, wenn das Produkt im Fall von festen Lebensmitteln nicht mehr als 5 g Zucker pro 100 g oder im Fall von flüssigen Lebensmitteln 2,5 g Zucker pro 100 ml enthält.

ZUCKERFREI

Die Angabe, ein Lebensmittel sei zuckerfrei, sowie jegliche Angabe, die für den Verbraucher voraussichtlich dieselbe Bedeutung hat, ist nur zulässig, wenn das Produkt nicht mehr als 0,5 g Zucker pro 100 g bzw. 100 ml enthält.

OHNE ZUCKERZUSATZ

Die Angabe, einem Lebensmittel sei kein Zucker zugesetzt worden, sowie jegliche Angabe, die für den Verbraucher voraussichtlich dieselbe Bedeutung hat, ist nur zulässig, wenn das Produkt keine zugesetzten Mono- oder Disaccharide oder irgend ein anderes wegen seiner süßenden Wirkung verwendetes Lebensmittel enthält. Wenn das Lebensmittel von Natur aus Zucker enthält, sollte das Etikett auch den folgenden Hinweis enthalten: „ENTHÄLT VON NATUR AUS ZUCKER"."

Nr. 8 http://www.kochmix.de/kochmagazin-light-produkte--sinnvoll-fuer-die-diaet-und-den-koerper-187.html

„Fraglich ist nur, ob diese dem eigenen Körper oder eher der Nahrungsmittelindustrie zu Gute kommen. Zucker wird durch Zuckeraustauschstoffe ersetzt und suggerieren unserem Körper durch die Süße die er erhält, Insulin auszuschütten. Vermehrtes Ausschütten von Insulin hat aber zur Folge, dass noch mehr Hunger aufkommt. Süßstoffe sind Dickmacher daher nicht weil sie Kalorien haben sondern weil sie Hunger erzeugen. In der Schweinemast sind Süßstoffe im Futter, weil dadurch die Schweine mehr fressen.

Bei uns in Deutschland sind mehrere chemisch synthetisierte Süßstoffe zugelassen, darunter z.B. Saccharin, Cyclamat und Aspartam, das teilweise gentechnisch hergestellt wird. In den USA werden Süßstoffe sogar zunehmend in Kindernahrung verarbeitet, während sie in der EU in Fertignahrung für Säuglinge und Kleinkinder ausdrücklich verboten sind.

Auf den ersten Blick erscheinen "Light"- Produkte sinnvoll, sind doch Kalorien- und Fettgehalt auf ein Minimum reduziert. Wer einmal Omas Quark und einen "Light"- Quark probiert hat, weiß schnell wo der Haken liegt. Geschmacklich bleibt jeder Diät lebende auf der Strecke. Vielleicht rührt aus diesem Aspekt auch die schlechte Laune, die in aller Regel während einer Diät vorherrscht. Light Produkte sind teuer und eignen sich nicht zum abnehmen.

Durch die fehlenden Nährgehalte in Light Produkten setzt auch das Sättigungsgefühl zu einem späteren Zeitpunkt ein und Unzufriedenheit macht sich breit. In der Folge wird eben noch etwas gegessen - ist ja nicht schlimm bei den paar Kalorien. Leider gerät bei dieser Denkweise die Menge der tatsächlich aufgenommen Kalorien völlig außer Kontrolle."

Nr. 9 http://www.wellness-gesund.info/Artikel/14260.html

„Das Märchen: Light-Produkte machen schlank.

Die Wahrheit: Weil Light-Produkte das Gefühl von „Genuss ohne Reue" vermitteln, verleiten sie zum ungenierten Zugreifen. Doch wer zu viel isst, nimmt auch von „Leichtem" zu. Das Volumen von Light-Produkten wird vielfach durch Aufschäumen erzielt, zudem ersetzt man Fett häufig durch Wasser, Zucker und Zuckeraustauschstoffe. Der Körper reagiert auf diese Mogelei, indem sich sehr schnell neuer Hunger einstellt."

Nr. 10 http://www.ksta.de/html/artikel/1203599406773.shtml

„Auf den Traum von schlank und schön ausgelegte Marketingstrategien preisen fett- und zuckerreduzierte Speisen und Getränke zwar mit Begriffen wie „Fitness" oder „Balance" an - und die werden auch kräftig gekauft, vor allem von übergewichtigen Menschen, wie eine Studie des Marktforschungsunternehmens AC Nielsen ermittelte. Weniger Kalorien enthalten sie aber nicht zwangsläufig. Verbraucherzentralen kritisieren „leichte" Müslis mit 30 Prozent Zucker. Maria Flothkötter, Ernährungswissenschaftlerin beim Verbraucher-Informationsdienst aid, führt fettarme Joghurts als Beispiel an: „Hersteller verringern den Fettgehalt auf bis zu 0,1 Prozent. Zugleich liegt der Zuckeranteil aber genauso hoch oder gar höher als beim normalen Produkt, Kalorien werden da kaum gespart." Bei einer normal ausgewogenen Ernährung sieht sie „keine Veranlassung", Light-Varianten zu konsumieren. Die Deutsche Gesellschaft für Ernährung (DGE) betont, dass die Einsparung bei Energie- oder Nährstoffgehalt bei mindestens 30 Prozent liegen sollte. „Sonst lohnt sich der Kauf dieser Lebensmittel nicht", sagt DGE-Sprecherin Antje Gahl und weist darauf hin, dass der Wunsch abzunehmen durch das reine Ersetzen von Zucker durch Süßstoff kaum erfüllt werde.

Ganze Ernährungsteile ersetzen

Für Thomas Ellrott macht der Konsum fett- und zuckerreduzierter Lebensmittel dagegen „wissenschaftlich eindeutig Sinn." Für den Leiter des Instituts für Ernährungspsychologie an der Universität Göttingen ist es aber absolute Voraussetzung, dass sie ganze Ernährungsteile ersetzen. „Mal eine fettarme Wurst zu kaufen zur Gewissensberuhigung - das hat keine Auswirkungen", sagt Ellrott und warnt vor einem „Hopping" zwischen sehr energiereichen und sehr energiearmen Produkten. „Nur eine durchgehende Änderung der Ernährungsstrategie kann messbare Erfolge nach sich ziehen." Er weiß aber, dass ein reguläres Essschema nach natürlichem Hunger- und Sättigungsgefühl etwa durch dauerndes Diäthalten meist stark verzerrt oder ausgeschaltet ist

Zugleich warnen die Experten vor den negativen Begleiterscheinungen inkonsequenter Essgewohnheiten. Denn Light-Varianten verführen zu unbewusster Völlerei. Ellrott zitiert Studien, bei denen Probanden selbst bei nur vermeintlich Kalorienreduziertem tendenziell stärker zugriffen. „Viele Menschen denken, sie könnten davon mehr essen, und summieren sich so wieder einen hohen Kaloriengehalt zusammen", sagt auch Flothkötter. Die Reduktionsprodukte erhielten eine Alibifunktion. „Wer bei nächster Gelegenheit die Pralinenschachtel leert, hat nichts gewonnen."''

Nr. 11
http://www.medizinauskunft.de/artikel/gesund/Essen_Trinken/16_06_light_produkte.php

„Australische Forscher warnen nach einer umfangreichen Studie vor so genannten "Light-Produkten": Die Untersuchungen der Deakin University in Melbourne haben ergeben, dass viele Nahrungsmittel, die einen niedrigen Fettgehalt haben, dafür eine hohe Energiedichte aufweisen. Im Vergleich dazu hatten etwa 50 Gemüsegerichte, die eine relativ große Menge Öl enthielten, keine besonders hohe Energiedichte, berichtet das Institut Ranke-Heinemann.

Die Energiedichte der Nahrung ist der Energiegehalt der Lebensmittel bezogen auf das Gewicht (kJ/g). Durchschnittliche Mahlzeiten ohne Einbeziehung von Getränken weisen eine Energiedichte von 5,1 kJ/g auf. Im Vergleich dazu hatten die untersuchten fettarmen Lebensmittel eine durchschnittliche Energiedichte von 7,7 kJ/g. Der derzeitige Stand der Forschung legt nahe, dass Menschen stärker dazu neigen, insgesamt zuviel Energie auf- und an Gewicht zuzunehmen, je höher die Energiedichte ihrer Nahrung ist.

Studienleiterin Helen La Fontaine war überrascht von der Energiemenge, die in Produkten mit der Kennzeichnung "fettarm", "light" und "Diät" enthalten war. "Viele Leute, die diese Produkte kaufen, wollen auf ihr Gewicht achten und erwarten daher, dass die Lebensmittel auch einen niedrigeren Energiegehalt haben. Tatsächlich ist der Energiegehalt auch niedriger als bei den entsprechenden Produkten mit höherem Fettgehalt, allerdings sind sie trotzdem sehr energiereich", erklärt La Fontaine. Außerdem enthalten viele der fettarmen Produkte eine große Menge an Zuckerzusätzen oder anderen industriell bearbeiteten Kohlenhydraten, führt die Expertin aus. Die Analyse der Gemüsegerichte zeigte dagegen, dass diese trotz ihres relativ hohen Gehalts an pflanzlichem Öl mit 3,9 kJ/g eine sehr niedrige Energiedichte aufwiesen. Ausnahmen bilden jedoch Pommes Frites, die je nach Schnitt eine Dichte von zehn kJ/g bis 12,5 kJ/g haben."

Nr. 12 http://www.rezepte-und-tipps.de/Lebensmittelkunde/Lightprodukte.html

„Doch der Gaumen hat meistens eine andere Meinung: Nicht selten schmecken Lightprodukte fade und dünn; gerade bei Weichkäse, Frischkäse und Quarks sind Lightprodukte nicht mit dem vollen Aroma ihrer natürlichen Doubles zu vergleichen.
Das Problem: Fett ist ein wichtiger Geschmacksträger. Wird das Fett stark reduziert, leiden nicht nur der Geschmack, sondern auch Streichfähigkeit und Konsistenz, was sich gerade bei Quark und Käse rasch bemerkbar macht."

Nr. 13 http://www.fitforfun-food.de/klugabnehmen-thema-light-produkte.php

„Das ist grundsätzlich eine gute Idee. Eine Studie der australischen Deakin University belegt nun allerdings, dass die Annahme, damit seiner Figur etwas Gutes zu tun, nicht immer richtig ist. So weisen einige fettreduzierte Lebensmittel immer noch eine große Kalorienmenge auf, weil sie viel Zucker enthalten. Denn wenn Fett reduziert wird, braucht man oftmals größere Mengen an Zucker, damit die Produkte gut schmecken, da es als Geschmacksträger wirkt. So aber steigt die Zahl der Kalorien fast wieder auf dieselbe Höhe wie bei Produkten mit vollem Fettanteil. Umgekehrt gilt dieses Problem genauso: So nützt ein Austausch von Zucker gegen Süßstoffe nichts, wenn das Produkt sehr fetthaltig ist.

Deswegen muss man aufpassen, dass man nicht auf die Begriffe „zucker-„ oder „fettreduziert" hereinfällt. Irreführend ist v.a. der Begriff „light", da er nur garantiert, dass irgendein Bestandteil in geringerer Menge als üblich vorkommt – das kann auch Salz oder Koffein sein."

Nr. 14 http://www.fitundgesund.at/ernaehrungsluegen/light-produkte-machen-schlank.36.htm

„Was ist das Geheimnis von Light Produkten?

Was ist an Light Produkten eigentlich so leicht? Bei Light Produkten müssen einer oder sogar mehrere Inhaltsstoffe gegenüber dem Original entweder ausgetauscht oder weggelassen werden, um überhaupt einen Light-Effekt zu erzielen. Da muss man sich logischerweise auch die Frage stellen, ob es wirklich so gesund ist, ganz natürliche Lebensmittel derart zu verändern, dass am Ende die Menge der Kalorien gesenkt werden kann. Oder werden die fehlenden oder ersetzten Teile durch andere künstliche Stoffe aus dem Labor ersetzt? Um den Zucker zu ersetzen, wird in der Regel Süßstoff verwendet. Der Geschmacksträger Fett wird entweder durch fettähnliche Stoffe oder durch Wasser ersetzt. Das Problem bei Light Produkten ist aber häufig der Geschmack. Der wird durch künstliche Aromaverstärker suggeriert, da die natürlichen Geschmacksträger wie Zucker oder Fett fehlen.

Light Produkte sind Dickmacher

Wenn bei Lebensmitteln anstatt Zucker Süßstoffe zum Einsatz kommen, dann möchte man gerne glauben, dass man keine Kalorien zu sich nimmt. Das ist allerdings ein Irrtum, denn Light Produkte sind selten sinnvoll zusammengesetzt.

Was bringt schon der Austausch von Zucker gegen Süßstoff, wenn das Produkt durch den Geschmacksträger Fett zu einer wahren Kalorienbombe wird? Süßstoff signalisiert dem Körper Zucker, denn er kann schließlich nicht unterscheiden, was da gerade kommt. Um den Blutzuckerspiegel im Gleichgewicht zu halten, beginnt die Bauchspeicheldrüse Insulin auszuschütten. Leider findet das Insulin aber im Blut gar keinen Zucker vor, den es abbauen könnte und damit senkt sich der

Blutzuckerspiegel wieder. Die fatale Folge dieses Vorgangs ist, dass der Körper jetzt richtigen Zucker haben will und das merkt der Mensch daran, dass er einen wahren Heißhunger auf etwas Süßes verspürt. Anstatt Kalorien einzusparen hat das Light Produkt in diesem Fall genau das Gegenteil erreicht."

Nr. 15 https://www.kloesterl-apotheke.de/Archiv/Service/Beratung/Lightprodukte/lightprodukte.php

„Fett, Zucker und Alkohol sind die Geschmacksvermittler in unserer Ernährung. Wenn nun einer von diesen aus den Lebensmitteln reduziert wird, so muss man automatisch den Anteil der anderen erhöhen, damit es noch halbwegs nach etwas schmeckt. Damit erkauft man sich häufig einen verringerten Fettanteil durch einen erhöhten Zuckeranteil – oder umgekehrt. Zum Beispiel ein Fruchtjoghurt mit 1,5 Prozent Fett ist zucker- und kalorienreicher als ein vollfetter Naturjoghurt mit frischen Früchten. Kartoffelchips light oder Eiscreme light sind trotz vermindertem Fettgehalts wahre Kalorienbomben.

Damit lohnt sich bei Diätprodukten ein Blick auf die Nährwertangaben. "Light" kann sehr viele Kalorien enthalten und dadurch statt dünn dick machen.

Wissenschaftler der Technischen Universität München wollen neue Komponenten finden, mit denen sich fettreduzierte Lebensmittel geschmacklich verbessern lassen. Das heißt also, dass auch hier wieder preisgünstige natürliche Komponenten durch teure künstliche Aromastoffe ersetzt werden sollen.

Diätprodukte sollen wohl oft nur das schlechte Gewissen beruhigen und dadurch zu einem höheren Konsum zu führen nach dem Motto: "Von der Light-Salami kann ich mir ruhig zwei Scheiben gönnen.""

Nr. 16 http://eatsmarter.de/magazin/thema-des-tages/gefaehrlich-glutamat.html

„Fast alle Fertiggerichte, Würzsoßen und sogar Light-Produkte enthalten Glutamat. Doch der Geschmacksverstärker ist umstritten: Viele Menschen vermuten sogar, dass Glutamat krank macht und zu Übergewicht führt. Was ist dran am Geschmacksverstärker?"

Nr. 17 http://de.wikipedia.org/wiki/S%C3%BC%C3%9Fstoff

„In der EU zugelassene Süßstoffe[1] Name relative Süßkraft (Saccharose = 1) Acesulfam (E 950) 130–200 Aspartam (E 951) 200 Aspartam-Acesulfam-Salz (E 962) 350 Cyclamat (E 952) 30–50 Saccharin (E 954) 300–500 Sucralose (E 955) 600 Thaumatin (E 957) 2.000–3.000 Neohesperidin (E 959) 400–600 Neotam (E 961) 10.000–13.000"

Nr. 18 http://www.diabetes-kids.de/artikel/kunstliche-sussstoffe-statt-zucker-164

„Um den Verzehr künstlicher Süßstoffe kommt heute kaum einer herum. Viele sind jedoch durch Meldungen über ein erhöhtes Krebsrisiko verunsichert. Ist diese Sorge berechtigt? Der erste künstliche Süßstoff war Saccharin, das bereits 1879 synthetisiert und während der Weltkriege eine hohe Verbreitung als Zuckerersatzstoff fand. Doch auch als Zucker keine Mangelware mehr war, hielt sich die Nachfrage nach künstlichen Süßstoffen – jetzt als Möglichkeit, Kalorien einzusparen. In den 50er-Jahren wurde dann auch das deutlich besser schmeckende Cyclamat eingeführt, und in den 80er-Jahren gesellte sich Aspartam dazu. Von diesen drei älteren Süßstoffen grenzt man die Süßmacher der zweiten Generation ab, zu denen z.B. Acesulfam-K, Sucralose und Alitam gehören. Da auch die neueren Süßstoffe häufig noch einen störenden Beigeschmack haben, werden in den meisten Lebensmitteln Süßstoffkombinationen verwendet.

Was ist nun dran an Meldungen über ein angebliches Krebsrisiko durch Süßstoffe? Das am besten untersuchte Saccharin löst tatsächlich in extrem hohen Dosen bei Ratten Blasenkrebs aus, schreiben Dr. Martin R. Weihrauch und seine Kollegen von der Universität Köln in der Zeitschrift "Medizinische Klinik".

Kein Zusammenhang mit Hirntumoren
Allerdings reagieren Nagetiere wegen ihrer hohen Urinosmolarität allgemein auf Zufütterung von Natriumsalzen wie Natriumsaccharin mit Neubildungen in der Blase – auch z.B. bei Vitamin C (Natriumascorbat).

Blasenkrebs bei Ratten war auch der Grund, warum Cyclamat in den 70er-Jahren in den USA verboten wurde. Nachdem die Kanzerogenität bei Labortieren nicht schlüssig nachgewiesen wurde, erhielt die Substanz allerdings eine erneute Zulassung."

BEI GRIN MACHT SICH IHR WISSEN BEZAHLT

- Wir veröffentlichen Ihre Hausarbeit, Bachelor- und Masterarbeit

- Ihr eigenes eBook und Buch - weltweit in allen wichtigen Shops

- Verdienen Sie an jedem Verkauf

Jetzt bei www.GRIN.com hochladen und kostenlos publizieren